MAGIA
COTIDIANA

COLOREA: FANTASÍA *COSY*

Ilustraciones de

Ana Bidault, Elena Bonotto, Hannah Konetzki, Sam Mann,
Jemaica Murphy, Eeva Nikunen y Alicia Pinapali

NOCTURNA
EDICIONES

Título original: *Everyday Magic: A Cozy Fantasy Coloring Book*

Copyright © 2024 by Dover Publications
Art by Sam Mann copyright © 2024 by Sam Mann
Art by Eeva Nikunen copyright © 2024 by Eeva Nikunen
Todos los derechos reservados
Ilustración de cubierta: Eeva Nikunen
Coloreado de cubierta: Alejandra Hg

© de la presente edición: Nocturna Ediciones, S.L.
c/ Medea, 4. 28037 Madrid
info@nocturnaediciones.com
www.nocturnaediciones.com

Primera edición en Nocturna: noviembre de 2025

Impreso en España / *Printed in Spain*
Técnica Digital Press

Código IBIC: WF
ISBN: 979-13-87690-29-8
Depósito Legal: M-22224-2025

El papel utilizado para la impresión de este libro, fabricado a partir de madera
procedente de bosques y plantaciones sostenibles, es cien por cien libre de cloro
y está calificado como papel reciclado y ecológico.

Fantasía *cosy*

[*cosy*: acogedor, calentito, cómodo]

1. Un subgénero literario con elementos fantásticos que se centra en tramas sencillas y agradables. Véase también «Fantasía ligera».
2. Una obra en la que se mezclan la modernidad y la magia, dando lugar a un ambiente deliciosamente anacrónico. Véase también «Cafetería mágica».
3. Un consuelo en momentos difíciles. Véase también «Solo un capítulo más». Véase también «Noche de relax en casa».
4. El lugar donde, pese a los contratiempos que surjan, los finales felices están garantizados.
5. La cálida bienvenida que te da este libro. Esperamos que te reconforte colorearlo. Y te proponemos un juego para inspirarte: si cada escena correspondiese a un libro, ¿cómo lo titularías? Puedes indicarlo en el reverso de cada página.

Ana
Bidault

Jemooshka

Hannah K.

Coloreado por:

_____

Fecha: _____

Libro: _____

_____

Hannah K.

Ana
Bidault

Coloreado por:

_____

Fecha: _____

Libro: _____

_____

Spells
+ ALCHEMY

Hannah K.

Coloreado por:

_____

Fecha: _____

Libro: _____

_____

Alicia ☆
PiñaPati

Ana
Bidault

Elena

Coloreado por:

_____

Fecha: _____

Libro: _____

_____

Hannah K.

Ana
Bidault

Coloreado por:

_____

Fecha: _____

Libro: _____

_____

Ana
Bidault

Coloreado por:

_____

Fecha: _____

Libro: _____

_____

Alicia ☆
PiñaPati

Hannah K.

Ana
Bidault

Ana
Bidault

Ana
Bidault

Coloreado por:

_____

Fecha: _____

Libro: _____

_____

Hannah K.

Coloreado por:

_____

Fecha: _____

Libro: _____

_____

Ana
Bidault

Coloreado por:

_____

Fecha: _____

Libro: _____

_____

Alicia ☆
PiñaPali

Coloreado por:

_____

Fecha: _____

Libro: _____

_____

Hannah K.

Coloreado por:

_____

Fecha: _____

Libro: _____

_____

Coloreado por:

_____

Fecha: _____

Libro: _____

_____

Hannah K.

Ana
Bidault

Ana
Bidault

Coloreado por:

_____

Fecha: _____

Libro: _____

_____

Ana
Bidault

Coloreado por:

_____

Fecha: _____

Libro: _____

_____

Ana
Bidault

Coloreado por:

_____

Fecha: _____

Libro: _____

_____

Coloreado por:

_____

Fecha: _____

Libro: _____

_____

Hannah K.

Coloreado por:

_____

Fecha: _____

Libro: _____

_____

Jemooshka

Ana
Bidault

Coloreado por:

_____

Fecha: _____

Libro: _____

_____

Jemooshka

Coloreado por:

_____

Fecha: _____

Libro: _____

_____

Ana
Bidault

Coloreado por:

_____

Fecha: _____

Libro: _____

_____

Hannah K.

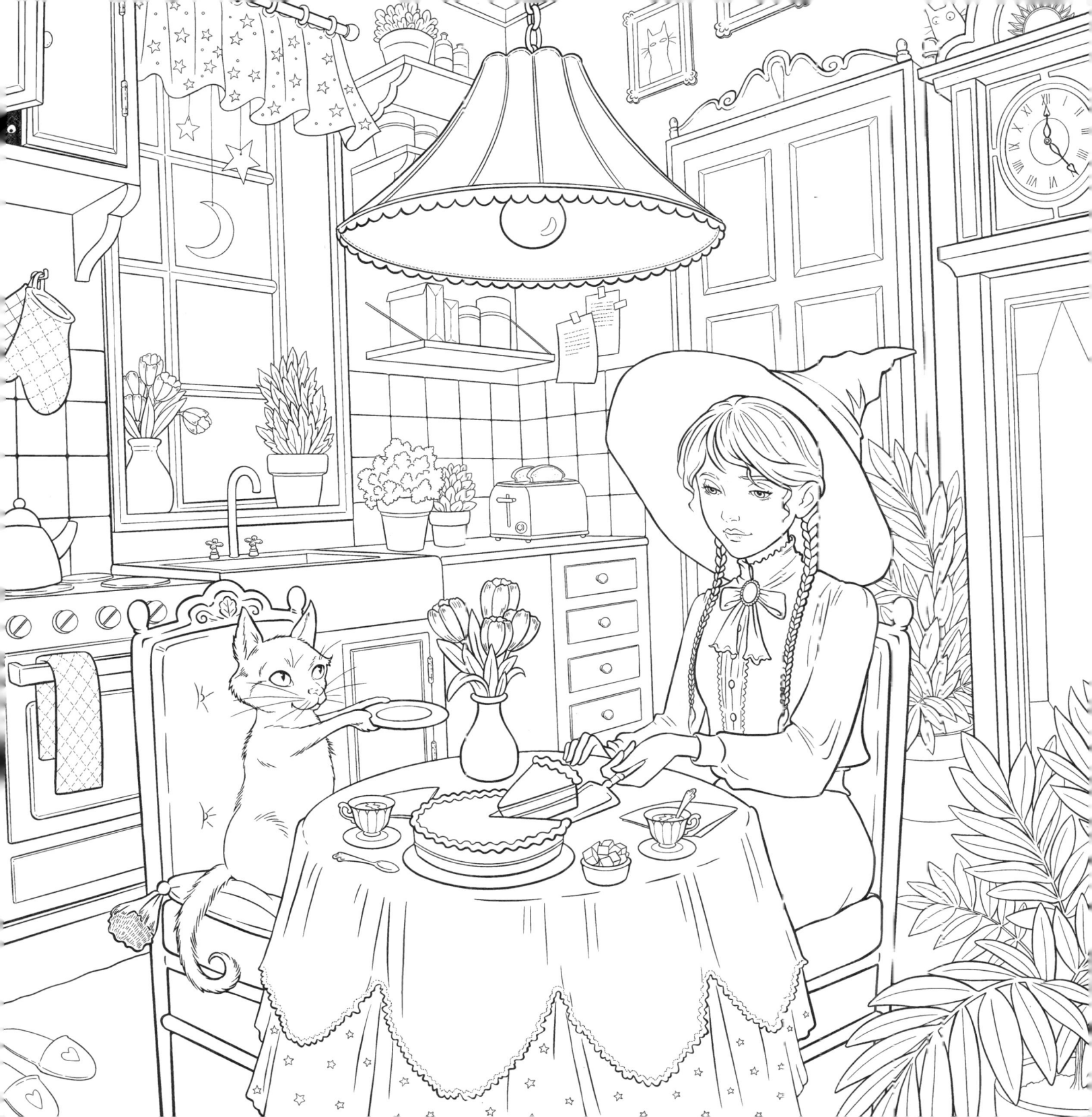

Coloreado por:

_____

Fecha: _____

Libro: _____

_____

Coloreado por:

_____

Fecha: _____

Libro: _____

_____

Coloreado por:

_____

Fecha: _____

Libro: _____

_____

Jemooshka

Hannah K.

Coloreado por:

_____

Fecha: _____

Libro: _____

_____

Elena

Coloreado por:

_____

Fecha: _____

Libro: _____

_____

Elena

Coloreado por:

_____

Fecha: _____

Libro: _____

_____

Hannah K.

Ana Bidault, ilustradora y trotamundos, nació en España y creció en la Patagonia. Actualmente reside en Uruguay con su novio y el perro que han adoptado, *Sirius*. Desde que su abuela le regaló el primer tomo de *Harry Potter*, a Ana le han fascinado las historias con criaturas mágicas. Considera la ilustración su magia personal, lo que le otorga la capacidad de dar vida a estos mundos fantásticos.

Elena Bonotto es una ilustradora italiana. De pequeña, lo primero que dibujó fue el zapato de cristal de la Cenicienta y aún le encanta seguir las tendencias de la moda en sus ilustraciones. Sus fuentes de inspiración son el *art nouveau*, el *art déco*, el ballet y sus ilustradores de manga favoritos. Sus autores fantásticos preferidos son J. R. R. Tolkien, por la belleza con la que escribe sobre la naturaleza y la amistad, y Diana Wynne Jones, por su forma única y asombrosamente creíble de tratar la magia.

Hannah Konetzki es diseñadora gráfica e ilustradora, especializada en intrincados dibujos botánicos, sobre todo de flores, setas y plantas exuberantes. Su amor por la fantasía comenzó jugando a *The Legend of Zelda*, cuando se sumergió en un mundo lleno de personajes y paisajes únicos que siguen inspirando su obra.

Sam Mann es una ilustradora y animadora de Canadá. Cultivó el amor por el arte desde pequeña, mientras pasaba el tiempo viendo dibujos animados y jugando a videojuegos, obsesiones que aún influyen en sus ilustraciones. Su deseo es conseguir que otras personas se sumerjan en el mundo de la fantasía, donde ella desearía vivir.

Jemaica Murphy es una ilustradora apasionada por la fantasía, las hadas, las sirenas y la magia. Tras pasarse una década viviendo y viajando en autocaravana, su fuente de inspiración es la belleza de los paisajes naturales. Busca suscitar una sensación de asombro y transportar a quienes vean sus ilustraciones a un mundo repleto de maravillas. Vive en Alaska.

Eeva Nikunen ha realizado trabajos creativos para editoriales, compañías de videojuegos y grupos de rock. En la actualidad pinta en su estudio artístico en Vantaa, Finlandia, acompañada de *Nillow*, su gata negra adoptada. De joven, Eeva descubrió el mágico mundo de los elfos mediante las obras de J. R. R. Tolkien. Desde entonces, la fantasía es el género con el que más le gusta trabajar.

Alicia Pinapali es una ilustradora que trabaja con empresas de *marketing*, animación y edición de libros. Su estilo es muy *cosy* y colorido. Vive en Sevilla, al sur de España, con sus dos gatos-duende: *Mochi* y *Pixel*. Desde pequeña, a Alicia le han obsesionado las historias mágicas. Lo que más le gusta hacer es dibujar, leer y jugar en esos mundos de fantasía.